www.casterman.com

Imprimé en France par Pollina, Luçon - n° L90312B. Dépôt légal août 2003 ; D2003/0053/334.
Déposé au ministère de la justice (loi n° 49.956 du 16 juillet 1949
sur les publications destinées à la jeunesse).

ISBN 2-203-52509-6

L'ours frileux

Texte de Guy Counhaye
illustré par Marie José Sacré

casterman

Aujourd'hui, Clovis a attrapé son premier rhume.
C'est la faute d'Auguste, le phoque.
– Vas-y, saute, lui criait-il, l'eau est délicieuse.

Clovis a plongé et il a coulé comme une pierre, paralysé par le froid.

Heureusement, Auguste possède son brevet de maître nageur ; il a repêché son ami à temps.
Il l'a ramené chez lui, enveloppé dans une couverture.

À présent, Clovis est cloué au lit. Les éternuements font trembler la banquise et mettent en fuite les pingouins du voisinage. L'eau glacée lui fait désormais horreur.

Il ne veut plus vivre dans sa tanière pleine de courants d'air. Dès qu'il est guéri, il se construit un solide igloo avec une porte qui ferme bien.

À l'idée de plonger sa patte dans l'eau pour pêcher du poisson, il frissonne. Il s'est donc fabriqué une canne à pêche et attend patiemment que ça morde. Mais rester des heures assis sur la glace ne le réchauffe pas vraiment !

Aujourd'hui, le ciel est bleu, le soleil est éblouissant.
Clovis décide de faire une promenade mais sans trop d'enthousiasme.
Ses pas le mènent à un campement installé par les hommes.
Il risque un coup d'œil par la fenêtre : personne. Les explorateurs sont absents.
Alors, curieux, Clovis pousse la porte et entre.
Quel émerveillement !
Tout ce dont il a toujours rêvé est là :
un radiateur à gaz, des couvertures, un sac de couchage, un bonnet de laine, une écharpe, des moufles fourrées, une cafetière, un réchaud, des boîtes de sardines et encore bien d'autres trésors.

Il n'a qu'à se servir...
Comble de chance, il déniche un traîneau pour transporter son butin.

Désormais, il est équipé contre le froid. Dans son igloo bien chauffé, il déguste de grands bols de bouillon brûlant.

Il a déjà mangé toute sa réserve de cassoulet et de harengs en boîte. Mais qu'importe ! Il peut maintenant pêcher bien au chaud près de son radiateur.

Tout est parfait. Enfin presque, car ce soir, en fouillant dans le bric-à-brac volé aux hommes, il fait une découverte troublante.

…un livre rempli de paysages surprenants : les gens se baignent dans une mer chaude, il y a des palmiers et des oiseaux de toutes les couleurs.

À présent, Clovis sait qu'il existe un bonheur plus grand encore qu'un igloo chauffé au gaz. Ça le laisse rêveur et mélancolique.

Une nuit, un formidable craquement le réveille en sursaut.
Il coiffe son bonnet et passe le museau dehors.
Quel spectacle ! La banquise se fend de partout. Le coin sur lequel est construit son igloo part à la dérive. C'est le dégel.

Pas question de sauter à l'eau pour regagner le continent. Quelle situation ! Le voilà livré aux courants marins, tout seul sur son iceberg. Pour se soutenir le moral, il se prépare un bon bouillon bien chaud. Les jours passent, Clovis a perdu de vue le rivage et commence à s'inquiéter.

Ce matin, il pêche assis au bord de son iceberg. Tout à coup passe un vol de mouettes.
– Alors, l'Ours, tu navigues plein sud, où vas-tu comme ça ?
C'est vrai, il fait de moins en moins froid et son iceberg commence à fondre.
Il y plante un mât muni d'une couverture en guise de voile.

– Cet iceberg aura bientôt la taille d'un glaçon dans un verre de grenadine. Il faut que je touche terre au plus vite, conclut le naufragé.
Un paquebot croise sa route. Les passagers curieux s'activent : une photo par-ci, une photo par-là.

Clovis ne se laisse pas distraire. Il ne quitte plus sa boussole des yeux.

– Plein sud, répète-t-il, toujours plein sud.

Mais écrasé de sommeil, il finit par s'endormir.

Il s'éveille le lendemain… assis dans l'eau !
Son iceberg et son igloo ont complètement fondu. Clovis n'en croit pas ses yeux. Les eaux bleutées d'un lagon clapotent autour de lui et vont s'étaler sur une plage de sable blanc.

Il y a aussi des cocotiers, des oiseaux et un soleil qui chauffe deux fois plus que son radiateur.

Il a l'impression d'être dans une photo du livre.
Mais non ! Tout est bien réel. Toute la journée, Clovis se grise de soleil. Il redécouvre les joies de la plongée sous-marine. Partout, il y a du poisson, un garde-manger inépuisable à portée de patte ; quel bonheur ! L'ours décide de ne plus quitter ce paradis terrestre. Pourtant, certains soirs, quand la brise se lève, il met son bonnet et son écharpe. Un rhume est si vite attrapé !